CONSULTATION

SUR LES BASES ET LE MODE DE RÉPARTITION

DE

L'INDEMNITÉ DUE AUX FRANÇAIS

ÉTABLIS AU MEXIQUE

EN VERTU DES TRAITÉS

du 10 avril 1864 et du 27 septembre 1865

PARIS

IMPRIMERIE P.-A. BOURDIER ET Cie

RUE DES POITEVINS, 6

1867

CONSULTATION

SUR LES BASES ET LE MODE DE RÉPARTITION

DE

L'INDEMNITÉ DUE AUX FRANÇAIS

ÉTABLIS AU MEXIQUE

EN VERTU DES TRAITÉS

Du 10 avril 1864 et du 27 septembre 1865

I. Personne n'ignore que le but primitivement assigné à l'expédition du Mexique par les documents officiels, a été le recouvrement des indemnités dues à un certain nombre de nos nationaux par le gouvernement de ce pays. La convention du 31 octobre 1861, qui organisait l'action commune de la France, de la Grande-Bretagne et de l'Espagne, énonce dans son préambule que les puissances contractantes se proposent d'obtenir par cette action combinée « une « protection plus efficace pour les personnes et les propriétés de « leurs sujets, ainsi que *l'exécution des obligations contractées envers* « *elles par la République du Mexique....* »

Il serait assez difficile de déterminer exactement le chiffre des indemnités qui, à cette date, pouvaient être légitimement réclamées par les Français établis au Mexique. Depuis la convention du 9 mars 1839, qui avait mis à la disposition de la France une somme de 600,000 piastres (3 millions de francs) destinée à être répartie entre tous les ayants droit, et qui avait été suivie d'une liquidation générale de nos créances, plusieurs autres conventions étaient intervenues : l'une d'elles avait été signée le 30 juin 1853 par les soins de M. Levasseur, ministre de France à Mexico, et avait été presque entièrement exécutée ; une seconde convention, passée en janvier 1859 avec M. l'amiral Penaud, n'avait reçu, en 1861, qu'un commencement d'exécution. Il restait donc un certain nombre de réclamations, les unes dont la légitimité avait été reconnue par ces diverses conventions, mais auxquelles il n'avait pas encore été fait droit, les autres fondées sur des faits postérieurs au règlement de 1859. Quelques créances seulement résultaient de contrats passés avec les divers gouvernements qui s'étaient succédé au Mexique : le plus grand nombre se composait de demandes d'indemnité à raison de violences éprouvées par les propriétés ou par les personnes.

A côté de ces créances antérieures à l'expédition vient se placer une catégorie nouvelle de demandes d'indemnité montant à un chiffre incontestablement plus considérable et qui se rattachent à l'intervention elle-même. A partir de cette époque, en effet, nos nationaux ont eu à supporter de graves préjudices dont ils réclament aujourd'hui la réparation. Plusieurs d'entre eux ont vu leurs propriétés occupées par nos troupes ; d'autres ont été victimes des représailles du gouvernement de Juarez : ils ont été bannis ; leurs biens ont été confisqués ou leurs propriétés dévastées par les troupes dissidentes.

comme à-compte sur les indemnités dues à des Français, en vertu de l'article 14.

La convention du 27 septembre 1865 stipule que la somme de 40,000,000 sera payée par le Gouvernement mexicain en titres du premier emprunt reçus au pair. Elle porte en conséquence à un chiffre nominal de 16,440,000 fr. la somme de 12,000,000 reçue en exécution du traité de Miramar.

Le surplus (23,560,000 fr.) devra être remis en titres de la même nature, au pair, par la Commission mexicaine des finances instituée à Paris.

Au moment où le traité du 27 septembre 1865 fut signé, cette dernière clause ne pouvait plus être littéralement exécutée, la Commission n'ayant plus, depuis la conversion, de titres du premier emprunt. M. le Ministre des affaires étrangères, en signalant cette circonstance à M. le Ministre de France à Mexico, proposa de faire effectuer en titres du deuxième emprunt la remise des 23,560,000 francs que devait délivrer la Commission des finances mexicaines. « M. le Ministre des finances estime, disait-il, qu'il restera sans em- « ploi déterminé un nombre d'obligations plus que suffisant pour « faire face aux engagements que contracte vis-à-vis de nous le « Gouvernement mexicain. » (*Dépêche du 14 novembre 1865.*)

Le gouvernement mexicain accepta, après quelques hésitations, cette modification. Le Ministre des affaires étrangères du Mexique donna des instructions en ce sens au Ministre mexicain à Paris. Il fut convenu que la Commission mexicaine ferait la remise des obligations aussitôt que la convention serait ratifiée. (Dépêche de M. Dano, du 28 décembre 1865.)

Le 18 janvier 1866, une nouvelle dépêche de M. Dano à M. Drouyn de Lhuys annonçait que l'empereur Maximilien lui avait envoyé un télégramme par lequel il le prévenait que M. le conseiller d'État Langlais était maître de donner les ordres nécessaires à la Commission des finances, que M. Langlais ne croyait pas avoir qualité pour donner cet ordre, mais que le lendemain il tâcherait de faire envoyer télégraphiquement, par M. de Castillo, ministre des finances, l'ordre formel de délivrer les titres. Enfin, le 9 février 1866, dans la dernière dépêche qui ait été publiée sur ce sujet, M. Dano écrivait à M. le Ministre des affaires étrangères :

« M. de Castillo me fait savoir que des instructions vont être en-
« voyées à la Commission des finances du Mexique, à Paris, pour
« la remise entre nos mains des 47,120 obligations de la seconde
« série, représentant les 23,560,000 fr. qui soldent nos indem-
« nités. »

III. Il résulte de ce qui précède que la convention de Mexico affectait au paiement des indemnités :

1° 12,000,000 fr. (*valeur réelle*) que le gouvernement français reconnaissait avoir reçu du gouvernement mexicain, en vertu du traité de Miramar ;

2° 23,560,000 fr. (*valeur nominale*) qu'il devait recevoir en titres du second emprunt au pair.

Eût-elle été rigoureusement exécutée, cette convention était loin de répondre aux légitimes exigences des réclamants. Le gouvernement français reconnaissait que le chiffre des 40 millions était notablement inférieur au chiffre réel des indemnités dues à nos nationaux. Il ne se bornait pas cependant, en substituant tout à coup une convention nouvelle aux stipulations de Miramar, à réduire à ce chiffre le montant des indemnités : il donnait au gouvernement mexicain quittance d'une somme de 40 millions destinée à indemniser les réclamants ; mais il attribuait à une somme de 12 millions réellement versée, une valeur nominale de 16,440,000 fr., et il recevait en paiement d'une somme de 23,560,000 fr. des titres qui, en les supposant négociables au taux d'émission (345 fr.), ne représentaient qu'une valeur réelle de 16,256,400 fr., et dont il était aisé de prévoir l'immense et prochaine dépréciation. L'impression causée dans la population française fut telle que la légation crut devoir, pour la calmer, faire insérer dans le journal *l'Estafette* un avis officieux qui ne faisait que reproduire les assurances données verbalement à plusieurs réclamants par M. le ministre Dano. On y lisait ce qui suit :

Les inquiétudes qui se manifestent ont exclusivement pour motif la nature et la quotité des valeurs qui forment maintenant le gage des réclamations, entre les mains du gouvernement français.

Ce gage se compose d'obligations prélevées sur le double emprunt que le Mexique a contracté en Europe, avec l'aide et le patronage de la France. On craint que la réalisation de ces valeurs, acceptées au pair et déjà frappées d'une forte baisse, ne produise une somme relativement insignifiante. Il est certain, en effet, que vendues au cours actuel elles ne produiraient guère au delà de trente pour cent du capital qu'elles représentent. Mais il ne saurait s'agir d'une opération de ce genre ; le détriment qui s'ensuivrait pour les intéressés est trop manifeste et serait trop considérable, pour que le gouvernement qui les a pris sous sa protection songe à leur imposer un tel sacrifice. La preuve de la vigilante sollicitude qui préside à sa conduite en tout ceci résulte, au contraire, d'une première opération qu'il a faite pour le compte et au profit des réclamants. Profitant du moment opportun que lui offrait la conversion des titres du premier emprunt, le trésor français a réalisé *en espèces* la somme versée en vertu du traité de Miramar à la caisse des dépôts et consignations. Il en est résulté un capital *effectif* de douze millions de francs, qui n'a plus rien à craindre des vicissitudes financières ou politiques, et qui attend uniquement la fin des travaux de la commission, pour être réparti à titre de premier à-compte, entre ceux dont elle aura consacré les droits.

Restent les obligations du second emprunt, pour lesquelles la même opération n'a pu être effectuée, parce que toute tentative de vente n'aurait servi qu'à écraser le marché, sans profit pour personne. Ici, la dépréciation est malheureusement trop réelle. Mais personne n'ignore que le dernier mot n'est pas dit sur le sort de ces valeurs. Émises sous la garantie morale de la France, elles peuvent subir l'effet d'une panique momentanée; elles ne sauraient sombrer dans le gouffre où se sont englouties tant d'autres émissions mexicaines. Dans un avenir plus ou moins éloigné, mais que l'on peut considérer comme infaillible, elles sont destinées à se transformer en valeurs françaises. C'est un point sur lequel il n'y a ni doute ni appréhension à concevoir.

Ici, d'ailleurs, se présente un autre point à examiner.

On semble donner pour admis que le règlement des réclamations, par le gouvernement français, se bornera à la remise, entre les mains de chaque intéressé, d'une part proportionnelle des valeurs, telles quelles, livrées par le trésor mexicain. Nous ne croyons pas que les choses doivent se passer ainsi. On n'ignore pas à Paris que bon nombre des réclamants — et ceux là surtout qui méritent la protection la plus efficace — se trouveraient à la merci des agioteurs, si on se contentait de leur remettre un capital en papier, en leur laissant le soin d'en tirer parti. De quelque base que l'on parte, il n'y a pas à douter que les paiements ne se fassent en numéraire. Il n'y a pas à douter davantage, dans notre opinion, que le taux adopté pour la liquidation générale ne sera nullement calculé sur les fluctuations de la Bourse. Le langage même de la convention nous paraît concluant à cet égard, puisqu'il reconnaît implicitement aux réclamants un avoir de quarante millions. Quel que soit le signe représentatif de cet avoir entre les mains du gouvernement français, la créance n'en reste pas moins fixée au chiffre inscrit et c'est de ce chiffre que partira le règlement de comptes.

Ceux des réclamants qui avaient ajouté foi à ces assurances étaient destinés à d'amères déceptions. On va voir, en effet, ce qu'est devenu « l'avoir de 40,000,000 » que leur reconnaissait *implicitement* la convention, ce qu'est devenu le *gage* remis au Gouvernement pour garantir le paiement de leurs créances.

IV. Au moment même où se signait la convention du 27 septembre 1865, M. le Ministre des finances passait avec M. Pinard, directeur du Comptoir d'escompte, une convention par laquelle ce dernier se rendait acquéreur des 6,600,000 fr. de rénte mexicaine 3 p. 100, dont le Trésor public se trouvait détenteur en vertu du traité de Miramar, et qui venaient à la date du 26 septembre d'être convertis en 174,600 obligations du deuxième emprunt. Par cette convention en date du 27 septembre 1865, M. Pinard prenait ces 174,600 obligations au prix net et ferme de 300 fr. par obligation. Cette négociation, qui devait donner au Trésor public une somme de 52,380,000 fr., cessa tout à coup d'être exécutée au mois d'avril 1866, et M. Pinard obtint la résiliation de son traité en invoquant une contre-lettre dont l'existence a été révélée pour la première fois au public dans une discussion récente et dont la valeur légale ne peut manquer de donner lieu à de graves controverses.

Au moment où intervint cette résiliation, 60,000 obligations seulement avaient été négociées, et le produit total de cette négociation n'atteignait que la somme de 18 millions.

Il résulte des paroles de M. le Ministre d'État, dans la séance du Corps législatif du 21 juin 1867, que le Gouvernement français entend faire subir les conséquences de cette opération *dans une mesure proportionnelle*, aux titres attribués aux indemnitaires et à ceux attribués au Trésor pour le paiement des frais de guerre.

Le produit de la vente des 60,000 obligations ayant été de 18,000,000 fr.

On attribuerait au Trésor	14,727,272 74
Aux indemnitaires	3,272,727 26
Total	18,000,000 »

Le solde des obligations restant dans les caisses du Trésor étant de 114,600

On affecterait au paiement des frais de guerre	93,764	obligations
Au paiement des indemnités	20,836	»
Total	114,600	»

En supposant que les 20,836 obligations ainsi affectées au paiement de l'indemnité soient négociables au cours actuel de 140 fr., elles représenteraient une valeur de 2,917,090 90

Cette somme ajoutée à celle de 3,272,727 26 produit de la négociation faite à M. Pinard

donne un total de 6,189,818,16

Telle est la somme qui, dans la pensée actuelle du Gouvernement français, devrait tenir lieu des 16,440,000 fr., *valeur nominale*, ou des 12,000,000, VALEUR RÉELLE, attribués aux indemnitaires par la convention du 27 septembre 1865.

V. Ces 12 millions devaient être complétés par la remise de 47,120 obligations de la seconde série, représentant une valeur nominale de 23,560,000 fr. Ces titres, d'après la déclaration de M. le Ministre des finances et de M. le Ministre des affaires étrangères, se trouvaient dans les caisses de la Commission des finances mexicaines. M. le Ministre de France au Mexique dans sa dépêche du

9 février 1866 annonçait l'envoi des ordres en vertu desquels la Commission devait effectuer la remise de ces titres.

Il semblait impossible de supposer que cette remise n'eût pas eu lieu. Aussi est-ce avec autant de surprise que d'émotion que dans cette séance du Corps législatif du 22 juin 1867, féconde pour eux en révélations douloureuses, les réclamants ont appris de la bouche de M. le Ministre d'État que « la convention de septembre 1865 « n'avait pas reçu un effet définitif et que LE PAIEMENT DE 24 MIL- « LIONS N'AVAIT PAS PU S'EFFECTUER. » M. le Ministre n'a pas d'ailleurs jugé nécessaire d'ajouter une seule explication à cette déclaration aussi étrange qu'inattendue.

On peut apprécier la situation que font aux indemnitaires les récentes déclarations du gouvernement. A ces créances au nom desquelles la France est intervenue au Mexique, dont on a proclamé la légitimité, dont on a évalué le montant réel à 60,000,000 et dont on n'a en dernière analyse « *abaissé* » la réparation au chiffre de 40,000,000 que « pour hâter une solution, » on offre aujourd'hui comme l'exécution complète et fidèle de la convention de Mexico, la répartition d'une somme de 6 millions dont la moitié environ serait d'une réalisation impossible !

Une telle solution est-elle plus conforme aux principes du droit qu'aux notions de l'équité? Sur quelles bases l'indemnité doit-elle être réglée? D'après quel mode doit-elle être répartie? Quelle est l'étendue des droits des réclamants? Quelles voies de recours leur sont ouvertes? Telles sont les questions sur lesquelles les intéressés demandent à être éclairés

VI. L'interprétation qu'ont donnée tout d'abord à la convention du 27 septembre 1865 la plupart des réclamants était conforme à la note publiée dans l'*Estafette* et citée plus haut. Ils ont cru que cette convention leur garantissait un « avoir » réel de 40,000,000, et que cette somme toute entière leur serait répartie par le gouvernement français devenu, par suite du traité à forfait qu'il avait conclu, leur débiteur de pareille somme au lieu et place du gouvernement mexicain. Cette interprétation n'était pas seulement d'accord avec les commentaires officieux de la légation française : elle pouvait sembler autorisée par les termes mêmes de la convention qui fixe à 40 millions le chiffre total des *indemnités dues aux Français*, et qui stipule que le gouvernement français fera entre ses nationaux la *répartition de cette somme* : elle pouvait surtout se justifier par les plus pressantes considérations d'équité. C'est en notre nom, disaient les indemnitaires, c'est pour la défense de nos intérêts que la France a déclaré la guerre au Mexique : or le résultat de cette expédition a été d'aggraver notre situation et d'accroître le nombre de nos griefs. Des sommes nombreuses ont été prélevées sur le produit des deux emprunts contractés par le Mexique, elles sont entrées dans les caisses du Trésor public à titre d'indemnité de guerre. Sur ces paiements successifs, quelle part a été faite aux créanciers français pour qui la guerre avait été engagée ? Le traité de Miramar avait pourvu du moins au règlement de nos intérêts : la liquidation se poursuivait. Tout à coup les stipulations de Miramar sont mises à néant. Le gouvernement français traite pour nous et sans nous : il transige avec le gouvernement du Mexique sur le chiffre de notre créance. Il lui donne quittance en notre nom et s'engage à nous désintéresser. Privés désormais de tout recours contre le Mexique, destitués des garanties que nous assurait le traité de Miramar, nous n'avons aujourd'hui d'autre débiteur que le gouvernement français jusqu'à concurrence de la somme à laquelle il a fixé lui-même l'indemnité qui nous est due. Quant au mode de paiement qu'il aura accepté du gouvernement mexicain, quant à l'exactitude plus ou moins grande de ce dernier à tenir ses engagements, ce sont là des faits qui nous sont étrangers, qui ne peuvent ni modifier notre situation ni porter atteinte à nos droits. Si notre gouvernement a manqué de prudence, s'il a fait au gouvernement avec lequel il traitait des concessions et des avantages excessifs, lui seul doit en porter la responsabilité.

Quelque puissantes que soient ces considérations au point de vue de l'équité, quelque conformes qu'elles puissent paraître aux principes du droit privé, nous ne croyons pas pouvoir nous ranger à la solution à laquelle elles conduisent. En pareille matière, les principes du droit public dominent ceux du droit privé. Il n'appartient pas au pouvoir exécutif d'engager par un traité diplomatique la fortune nationale ; et s'il le fait, les stipulations comprises dans le traité au mépris de cette règle fondamentale doivent être tenues pour nulles. Le gouvernement français a donc bien pu s'engager à distribuer à ses nationaux les sommes que le gouvernement mexicain s'obligeait à lui remettre : mais il n'a pu engager la France pour une somme plus considérable.

Sans doute cette solution que nous paraît commander la rigueur du droit est de nature à causer aux intérêts éminemment respectables des indemnitaires un préjudice que l'on ne saurait méconnaître. Si, de l'aveu de M. le ministre des affaires étrangères, le chiffre de 40,000,000 était lui-même un chiffre inférieur à celui que nous étions en droit de réclamer, si ce chiffre réduit n'avait été adopté qu'en vue de hâter une solution trop longtemps ajournée, ou, comme le dit M. le ministre de France au Mexique dans sa dépêche du 28 décembre 1865, afin de « mettre l'Empereur

« Napoléon et son gouvernement en situation de déclarer aux
« Chambres françaises que l'affaire des réclamations était bien dé-
« finitivement réglée, » s'il en était ainsi, disons-nous, il est
profondément regrettable que les facilités accordées au Mexique
par la convention de 1865 aient encore réduit dans une si forte pro-
portion les sommes mises à la disposition des indemnitaires. Tou-
tefois, c'est cette convention seule qui, suivant nous, constitue leur
titre contre le gouvernement français ; et c'est uniquement dans ses
termes qu'il convient de chercher le principe de leur action et l'é-
tendue de leur créance.

VII. Ainsi que nous l'avons fait observer, cette convention met
à la disposition du gouvernement français une valeur réelle de
12,000,000 et une valeur nominale de 24,000,000.

Il est nécessaire d'insister sur cette distinction essentielle entre
les deux portions de l'indemnité stipulée. Au moment de la convention du 27 septembre 1865 le gouvernement était détenteur, ou,
suivant les expressions mêmes de la convention, *dépositaire* d'une
somme de 12 millions affectée par le traité de Miramar au paiement
des indemnités dues à nos nationaux. La convention le constate en
termes exprès, et par cela seul que le gouvernement français fait
entrer cette somme dans le règlement général de l'indemnité pour
une valeur *nominale* de 16 millions, il reconnaît implicitement que
le chiffre de 12 millions qu'il énonce représente une *valeur réelle*,
un capital effectif et disponible entre ses mains. C'est une partie
de l'indemnité déjà payée dont il se reconnait débiteur et qui doit,
dans sa pensée, échapper aux fluctuations de la Bourse, aux chances
de dépréciation, aux incertitudes des négociations ultérieures. La

dépêche déjà citée de M. le Ministre des affaires étrangères du 14 novembre 1865 indique à n'en pouvoir douter que telle a été la pensée du gouvernement français. A cette date, en effet, ainsi que le rappelle la dépêche, M. le Ministre des finances avait déjà traité depuis près de deux mois avec M. Pinard pour la négociation des 66 millions remis par le Mexique en exécution du traité de Miramar. Si l'opération avait suivi son cours, dans les conditions prévues au contrat, la réalisation des titres n'aurait donné au lieu de 66 millions que 52,380,000 fr., et en faisant subir cette réduction proportion-nellement à tous les titres, on aurait eu pour les frais de guerre 42,856,353 fr. et pour les indemnités 9,523,635 fr. Ce n'est pas cependant à 9 millions, mais bien à 12 millions que M. le Ministre porte à plusieurs reprises dans sa dépêche la somme que le gouver-nement a *entre les mains* en exécution du traité de Miramar. Il était naturel qu'il en fût ainsi. L'équité commandait au gouvernement de se préoccuper avant tout, dans la négociation des titres qui lui avaient été remis, des intérêts de ses nationaux pour lesquels la guerre avait été entreprise et qui n'avaient encore reçu qu'un bien faible à-compte sur leurs créances. Le droit strict était ici d'accord avec l'équité. Dépositaire de titres destinés aux indemnitaires, le gou-vernement se constituait le *negotiorum gestor* de ces derniers pour la réalisation de ces valeurs; il était tenu de faire effectuer cette réalisation au mieux de leurs intérêts, et il ne lui était pas permis d'en compromettre le succès en l'englobant dans une vaste opéra-tion financière dont les conditions pouvaient fournir matière aux plus sérieuses critiques. Encore moins pouvait-il, en signant la contre-lettre qui assurait au concessionnaire toutes les chances fa-vorables du contrat et réservait au trésor les éventualités contraires, faire subir aux indemnitaires dont il avait pris en main les intérêts, les conséquences de ce contrat léonin, et les rendre victimes d'une résiliation qu'il leur eût été également impossible de prévoir et de conjurer. Le gouvernement français a compris les devoirs que cette situation lui imposait ; il a cru avec raison qu'il convenait d'imputer en première ligne sur le produit de la vente des obligations qu'il cédait à M. Pinard la réalisation des 12 millions dont il se reconnaissait débiteur envers les indemnitaires. C'est pour cela que sans se préoccuper des chances de la négociation commencée, il a fait figurer dans la convention de Mexico ce capital de 12 millions à l'actif des indemnitaires. Cette remise d'un capital effectif, constitue, à vrai dire, la base de la convention, c'est sur cette valeur réelle et désormais irévocablement acquise qu'a été calculé le complément d'indemnité que la France a cru devoir réclamer du Mexique. On ne saurait aujourd'hui revenir sur ce point et remettre ainsi en question les bases mêmes de la convention de Mexico.

VIII. A côté du capital effectif dont le gouvernement français se reconnaît dépositaire, figure dans la convention une valeur nominale de 24 millions que le Mexique s'oblige à livrer à la France en titres du second emprunt pris au pair. M. le Ministre des finances et M. le Ministre des affaires étrangères affirment en novembre 1865 que ces titres sont disponibles dans les caisses de la Commission des finances mexicaines. M. le Ministre de France au Mexique déclare au commencement de février 1866 que le gouvernement mexicain envoie à la Commission l'ordre de livrer ces titres ; il a lui-même entre les mains un télégramme de l'empereur Maximilien qui contient cet ordre. D'où vient qu'ainsi que le déclare aujourd'hui M. le Ministre d'État, la délivrance de ces titres n'a pas eu lieu ?

En l'absence de toute explication de la part du gouvernement, on est réduit, sur ce point, à de simples conjectures. Mais deux hypothèses sont seules possibles. Ou le gouvernement a négligé de se faire remettre des titres que la commission avait à sa disposition, et, dans ce cas, il doit en exiger aujourd'hui la remise; ou les titres dont il s'agit n'ont jamais existé, et c'est par erreur qu'au mois de novembre 1865 M. le Ministre des finances et M. le Ministre des affaires étrangères en ont supposé l'existence. Nous ne saurions, quant à nous, nous arrêter sérieusement à cette dernière supposition que nous tenons pour injurieuse envers le gouvernement français. Il nous paraît impossible d'admettre qu'il ait, sans vérification préalable, affecté dans un traité diplomatique au paiement d'une indemnité due à ses nationaux des valeurs sans existence réelle. Si le gouvernement, prenant en main la cause des indemnitaires et stipulant pour eux, avait apporté une telle incurie dans la défense de leurs intérêts, ce serait une de ces fautes lourdes dont la responsabilité ne pourrait être déclinée, et il y aurait dans ce fait pour les réclamants le principe d'un recours contre l'État. Mais il est évidemment superflu de s'arrêter à une semblable hypothèse. Le gouvernement n'a pu se tromper, il n'a pu être trompé sur une circonstance de cette nature et de cette gravité. Lorsqu'il a traité de la délivrance de ces obligations, il s'était assuré de leur existence. Les obligations existaient alors; elles existent encore aujourd'hui dans les caisses de la Commission des finances du Mexique. Le gouvernement ne peut manquer d'en exiger la délivrance et de faire recouvrer aux indemnitaires ce dernier et trop fragile gage de leurs créances.

Même dans ces conditions, la situation faite aux indemnitaires est bien loin d'assurer à leurs légitimes réclamations la satisfaction que leur avaient fait espérer les promesses de notre intervention au Mexique. Le cours de ces obligations reçues au pair (500 francs) varie aujourd'hui de 130 à 135 francs, et la réalisation des 47,000 titres qui leur seront attribués serait évidemment impossible. Ils se verront donc réduits, pour la plus forte partie de leurs créances, à partager la condition des porteurs de l'emprunt mexicain dont moins que personne assurément ils ont partagé les illusions premières, et à attendre comme ceux-ci que quelque combinaison financière encore ignorée permette d'atténuer l'étendue de leurs désastres.

VIII. D'une part, les 12 millions en numéraire affectés au paiement de l'indemnité ; d'autre part, les 47,000 titres du second emprunt mexicain, telles sont les principales valeurs à répartir entre les réclamants : on doit, pour ne rien omettre, ajouter à cette somme les intérêts des 12 millions à partir du traité de Miramar jusqu'à la réalisation des obligations, ces intérêts ayant, aux termes d'un décret daté de Miramar, été remis au Trésor par la Commission des finances mexicaines sur le produit du deuxième emprunt ; enfin, les réclamants sont fondés à demander que l'on comprenne dans les fonds à répartir le reliquat du produit des prélévements faits sur les douanes mexicaines, en vertu des conventions antérieures à l'intervention, reliquat qui est encore aujourd'hui à la disposition de la légation française, à Mexico [1].

---

1. Quant à celles des réclamations qui auraient pour objet des faits relatifs à l'occupation française, il nous paraît qu'elles devront être réglées en dehors de la liquidation de la dette mexicaine. Le Mexique a payé ou s'est obligé à payer à la France les frais de la guerre. Le préjudice que l'occupation a pu causer à nos nationaux est une dette de l'État.

IX. Quel que soit le capital à répartir entre les indemnitaires, les bases de la répartition doivent rester les mêmes. M. le Ministre d'État a annoncé qu'une Commission, instituée au ministère des affaires étrangères, procédait à cette répartition ; les indemnitaires n'ont appris que par les paroles de M. le Ministre d'État l'existence de cette Commission. Ils ignorent à quelle date elle a été instituée, en quelle forme, avec quelles attributions ; ils ne savent ni quel sera le mode de procéder adopté par elle ni quelles voies de recours pourront leur être ouvertes contre ses décisions. En attendant qu'une note insérée au *Moniteur* ou de nouvelles explications fournies par M. le Ministre d'État au Corps législatif les aient éclairés à cet égard, ils ont lieu de craindre que la Commission ne procède à leur insu à la répartition dont elle est chargée. Il importe donc de bien déterminer la nature et la limite des attributions dont cette Commission, quelle qu'elle soit, peut être investie. Il ne peut être question ici que d'une Commission *consultative* établie au ministère, et non d'une nouvelle juridiction contentieuse. Le juge des réclamants, celui à qui il appartient de statuer sur les nombreuses demandes qui ont été déjà soigneusement examinées par nos commissaires de Mexico, de donner force exécutoire aux décisions de ces commissaires ou de les réviser s'il y a lieu, c'est M. le Ministre des affaires étrangères. Or, il nous paraît incontestable qu'il n'appartient à ce ministre ni de déterminer le chiffre du capital à répartir, ni d'attribuer à chaque réclamant une part déterminée de ce capital.

La mission confiée à M. le Ministre des affaires étrangères et pour laquelle il peut, s'il le juge utile, faire appel au concours d'une Commission composée d'hommes compétents, c'est uniquement la *vérification des créances* de chacun des réclamants. Il doit, ainsi que l'avait fait la Commission mixte établie au Mexique jusqu'à la convention de 1865, se borner à déterminer le chiffre de chacune de ces créances, sans se préoccuper de l'importance des sommes à répartir. Cette répartition des *dividendes* afférents à chacune des réclamations admises devra être effectuée par les soins de M. le Ministre des finances. C'est devant lui que les ayants droit auront à contester s'il y a lieu les bases de la liquidation et le chiffre du capital à répartir. De telles contestations nous paraissent présenter un caractère essentiellement contentieux ; et nous ne croyons pas que, par cela seul qu'elles surgissent à l'occasion d'une convention diplomatique, les voies de recours ouvertes en pareille matière doivent être fermées aux réclamants [1].

La vérification des créances à laquelle il sera procédé au ministère des affaires étrangères et dont les procès-verbaux de la Commission qui a fonctionné à Mexico fournissent tous les éléments, permettra d'apprécier le chiffre réel des réclamations légitimes. On pourra mesurer par là l'importance des griefs et l'étendue des souffrances qui attendent depuis si longtemps la réparation qui leur est due, et l'on jugera si les valeurs qui doivent être réparties entre les indemnitaires permettent de leur offrir une réparation suffisante. Si, comme il n'est pas possible d'en douter, l'insuffisance de cette réparation est de nature à frapper tous les esprits, une question qui sort du cercle de celles qu'il nous appartient d'examiner devra se poser devant l'opinion et devant les pouvoirs publics. S'il est vrai que l'in-

---

1 Sans examiner les nombreuses et délicates questions de compétence qui peuvent s'élever en pareille matière, nous nous bornerons à rappeler un Arrêt du Conseil d'État du 27 janvier 1848, rendu sur le pourvoi formé contre une décision du Ministre des finances, au sujet des droits qu'un créancier américain prétendait avoir sur une somme mise à la disposition de la France par les États-Unis à la suite de traités diplomatiques.

tervention française au Mexique ait eu pour résultat d'aggraver la situation de nos nationaux dans ce pays, si les nécessités de cette intervention, si les circonstances dans lesquelles elle a été commencée, poursuivie et terminée, n'ont pas permis d'obtenir du gouvernement constitué par nous au Mexique une réparation sérieuse de leurs griefs, s'il nous est, à plus forte raison, impossible de traiter de leurs intérêts avec le gouvernement que nous avons combattu et qui se relève aujourd'hui, ne résulte-t-il pas de cet ensemble de faits pour le gouvernement de la France, et par suite pour le pays lui-même, une responsabilité morale? Et lorsque s'achèvera la liquidation financière de l'expédition du Mexique, ne semblera-t-il pas équitable et légitime de faire entrer, pour une certaine part, dans les derniers sacrifices que devra s'imposer le pays, ces créances de nos nationaux dont on parlait naguère avec tant d'insistance et qu'on semble aujourd'hui si aisément mettre en oubli?

Délibéré à Paris, le 29 juin 1867.

ALBERT GIGOT,

Avocat au Conseil d'État et à la Cour de cassation.

Paris. — Imprimerie BOURDIER, CAPIOMONT fils aîné et Cie, 6, rue des Poitevins.

ANNEXES

Nº 1.

CONVENTION DE MIRAMAR

(10 avril 1864)

Le Gouvernement de S. M. l'Empereur des Français et celui de S. M. l'Empereur du Mexique, animés d'un désir égal d'assurer le rétablissement de l'ordre au Mexique et de consolider le nouvel Empire, ont résolu de régler par une convention les conditions du séjour des troupes françaises dans ce pays, et ont nommé pour leurs plénipotentiaires à cet effet, savoir :

Sa Majesté l'Empereur des Français, M. Charles-François-Édouard Herbet, ministre plénipotentiaire de 1ʳᵉ classe, conseiller d'État, directeur au ministère des affaires étrangères, grand officier de son ordre impérial de la Légion d'honneur, etc.;

Et S. M. l'Empereur du Mexique, M. Joaquin Velasquez de Leon, son ministre d'État sans portefeuille, grand officier de l'ordre distingué de Notre-Dame de Guadalupe, etc.;

Lesquels, après s'être communiqué leurs pleins pouvoirs, trouvés en bonne et due forme, sont convenus des articles suivants :

Art. 1ᵉʳ. Les troupes françaises qui se trouvent actuellement au Mexique seront réduites le plus tôt possible à un corps de 25,000 hommes, y compris la légion étrangère.

Ce corps, pour sauvegarder les intérêts qui ont motivé l'intervention, restera temporairement au Mexique dans les conditions réglées par les articles suivants.

Art. 2. Les troupes françaises évacueront le Mexique au fur et à mesure que S. M. l'Empereur du Mexique pourra organiser les troupes nécessaires pour les remplacer.

Art. 3. La légion étrangère au service de la France, composée de 8,000 hommes, demeurera néanmoins encore pendant six années au Mexique, après que toutes les autres forces françaises auront été rappelées conformément à l'art. 2. A dater de ce moment, ladite légion passera au service et à la solde du gouvernement mexicain. Le gouvernement mexicain se réserve la faculté d'abréger la durée de l'emploi au Mexique de la légion étrangère.

Art. 4. Les points du territoire à occuper par les troupes françaises, ainsi que les expéditions militaires de ces troupes, s'il y a lieu, seront déterminés de commun accord et directement entre S. M. l'Empereur du Mexique et le commandant en chef du corps français.

Art. 5. Sur tous les points où la garnison ne sera pas exclusivement composée de troupes mexicaines, le commandement militaire sera dévolu au commandant français.

En cas d'expéditions combinées de troupes françaises et mexicaines, le commandement supérieur de ces troupes appartiendra également au commandant français.

Art. 6. Les commandants français ne pourront intervenir dans aucune branche de l'administration mexicaine.

Art. 7. Tant que les besoins du corps d'armée français nécessiteront tous les deux mois un service de transports entre la France et le port de Vera Cruz, les frais de ce service, fixés à la somme de 400,000 fr. par voyage (aller et retour), seront supportés par le gouvernement mexicain et payés à Mexico.

Art. 8. Les stations navales que la France entretient dans les Antilles et dans l'océan Pacifique enverront souvent des navires montrer le drapeau français dans les ports du Mexique.

Art. 9. Les frais de l'expédition française au Mexique à rembourser par le gouvernement mexicain sont fixés à la somme de 270 millions pour tout le temps de la durée de cette expédition jusqu'au 1er juillet 1864. Cette somme sera productive d'intérêts à raison de 3 0/0 par an.

A partir du 1er juillet, toutes les dépenses de l'armée mexicaine restent à la charge du Mexique.

Art. 10. L'indemnité à payer à la France par le gouvernement mexicain, pour dépense de solde, nourriture et entretien des troupes du corps d'armée à partir du 1er juillet 1864, demeure fixée à la somme de 1,000 francs par homme et par an.

Art. 11. Le gouvernement mexicain remettra immédiatement au gouvernement français la somme de 66 millions en titres de l'emprunt au taux d'émission, savoir : 54 millions en déduction de la dette mentionnée dans l'art. 9, et 12 millions comme à-compte sur les indemnités dues à des Français en vertu de l'art. 14 de la présente convention.

Art. 12. Pour le paiement du surplus des frais de guerre et pour l'acquittement des charges mentionnées dans les articles 7, 10 et 14, le gouvernement mexicain s'engage à payer annuellement à la France la somme de 25 millions en numéraire. Cette somme sera imputée : 1° sur les sommes dues en vertu desdits articles 7 et 10 ; 2° sur le montant, en intérêts et principal, de la somme fixée dans l'article 9 ; 3° sur les indemnités qui resteront dues à des sujets français en vertu des articles 14 et suivants.

Art. 13. Le gouvernement mexicain versera, le dernier jour de chaque mois, à Mexico, entre les mains du payeur général de l'armée, ce qu'il devra pour couvrir les dépenses des troupes françaises restées au Mexique, conformément à l'art. 10.

Art. 14. Le gouvernement mexicain s'engage à indemniser les sujets français des préjudices qu'ils ont indûment soufferts et qui ont motivé l'expédition.

Art. 15. Une commission mixte, composée de trois Français et de trois Mexicains, nommés par leurs gouvernements respectifs, se réunira à Mexico dans un délai de trois mois pour examiner et régler ces réclamations.

Art. 16. Une commission de révision composée de deux Français et de deux Mexicains, désignés de la même manière, siégeant à Paris, procédera à la liquidation définitive des réclamations déjà admises par la commission désignée dans l'article précédent, et statuera sur celles dont la décision lui aura été réservée.

Art. 17. Le gouvernement français remettra en liberté tous les prisonniers de guerre mexicains dès que l'empereur du Mexique sera entré dans ses États.

Art. 18. La présente convention sera ratifiée et les ratifications en seront échangées le plus tôt que faire se pourra.

Fait au château de Miramar, le 10 avril 1864.

Signé : HERBET.

JOAQUIN VELASQUEZ DE LEON.

N° 2.

CONVENTION DU 27 SEPTEMBRE 1865

Le chiffre total des indemnités dues aux Français pour préjudices causés directement à leurs propriétés ou à leurs personnes par les gouvernements mexicains ou leurs agents, est fixé à la somme de quarante millions de francs.

Cette somme sera payée en titres de la rente mexicaine au pair, et le gouvernement français en fera effectuer la répartition entre ses nationaux, comme il le jugera convenable.

Le gouvernement français se trouve déjà dépositaire, à titre d'à-compte, d'une somme de douze millions de francs en titres du premier emprunt contracté à Paris, émis à 63 p. 100, et devant représenter au pair, c'est-à-dire en 6 p. 100, à 100 fr. une somme de 16,440,000 fr.

Les 23,560,000 fr. restant dus seront délivrés en titres de la même nature au pair par la commission mexicaine des finances instituée à Paris.

Après avoir effectué le versement intégral de la somme de quarante millions de francs, le gouvernement mexicain sera considéré comme dégagé de toute responsabilité envers les Français relativement aux réclamations qu'ils ont faites jusqu'à ce jour, et le gouvernement français s'engage à ne pas intervenir en faveur de celles qui pourraient être faites pour le passé.

Par suite de la mise en exécution de cette convention, l'art. 12 de la convention conclue à Miramar, le 10 avril 1864, est abrogé en ce qui a trait aux réclamations françaises.

Paris — Imprimerie de P.-A. BOURDIER et Cᵉ, rue des Poitevins, 6.

www.ingramcontent.com/pod-product-compliance
Lightning Source LLC
LaVergne TN
LVHW050327030726
842520LV00005B/1810